I

Über dieses Buch

Sprüche, Redewendungen, gängige Zitate begegnen uns ständig. Sie bilden fast ein Gerippe unserer alltäglichen Kommunikation. Sie haben sehr unterschiedliche Ursprünge und teilweise Bedeutungswandel erfahren. Hier werden einige von ihnen gesammelt und heiter bis kritisch hinterfragt und umgedeutet. Das soll auch ein wenig Spaß machen, aber ebenso zum nachdenklichen Innehalten beitragen. Aber: gehen Sie Sprüchen nicht auf den Leim!

Viel Vergnügen!

Gert Podszun als Herausgeber

Leimlinge

Gehen Sie Sprüchen nicht auf den Leim!

100 Sprüche
umgeleimt

von

Willi Leim

V

Bibliografische Information der Deutschen
Nationalbibliothek
Die deutsche Nationalbibliothek verzeichnet
diese Publikation in der Deutschen
Nationalbibliografie; detaillierte
bibliografische Daten sind im Internet über
http://dnd.d-nb.de abrufbar

Impressum
© 2008 Gert Podszun Herausgeber
Herstellung und Verlag: Books on Demand
GmbH, Norderstedt
Umschlagsentwurf: Gert Podszun
ISBN-13-978-3-837-03022-8

Für schelmische Menschen
und Karin

Aller Anfang ist schwer[1].

Der Künstler vor dem leeren Blatt
hat ein Konzept und Farben satt
doch hat er Angst vorm ersten Strich
er zögert und er wundert sich:
Aller Anfang ist doch schwer.
Für heute bleibt die Leinwand leer.

---

[1] Sprichwort – Herkunft unbekannt – englisch: Every beginning is difficult.

Der frühe Vogel fängt den Wurm[2]

Egal ob Regen oder Sturm,
der frühe Vogel frisst den Wurm.
Der späte ist nicht so besessen.
Er hat den Wurm schon lang gefressen.

---

[2] The early bird catches the worm – englisches Sprichwort-Übersetzung.

Wer zuletzt lacht, lacht am besten[3]

Ob im Osten oder Westen
lacht man zuletzt am besten.
Wer früher lacht, ist auch dabei.
Ob letzter, ist ihm einerlei.

---

[3] Quelle unbekannt

Der Apfel fällt nicht weit vom Stamm[4]

Ein Apfel wollte weiter fliegen.
Es klappte nicht. So blieb er liegen.

---

[4] Bei den alten Germanen, vor allem bei den niederdeutschen und westfälischen Sippen, gab es in vorrömischer Zeit die Institution des Abfells (ahd. Ümpel). Der Abfell war ein Zwilling, in einer Neumondnacht geboren, dessen Bruder – nur männliche Nachkommen kamen hierbei in Frage – in einer Stammesfehde gestorben war. Für einige Zeit bekam der überlebende Zwilling, der Abfell, zum Trost zahlreiche Vergünstigungen eingeräumt: Er durfte jede Nacht eine Frau seiner Wahl zu Bette führen, so viel Met trinken, wie er konnte, und im Beisein des Häuptlings Wind lassen. Dies alles um die Seele des Gestorbenen zu besänftigen. Ein Jahr nach dem Tod der Geschwister allerdings musste nun der Abfell sich selbst vor den Palisaden des Dorfes entleiben. Daher: Der Abfell fällt (stirbt) nicht weit vom Stamm (seiner Sippe).

Da wird der Hund in der Pfanne verrückt[5]

Hiervon war Bello nicht entzückt
und hatte sich geschwind verdrückt.

---

[5] **Da wird der Hund in der Pfanne verrückt** *ist ein Ausdruck ratloser Verwunderung.*
Es handelt sich um eine so genannte Nonsens-Äußerung, die meist gebraucht wird im Sinne von: Das ist eine unglaubliche Geschichte.

Sie erinnert an einen bekannten Eulenspiegel-Schwank. Darin wird berichtet, wie Eulenspiegel als Brauknecht in Einbeck seine Possen trieb: Eines Tages erhielt Till von seinem Braumeister die Weisung 'mit Sorgfalt Hopfen zu sieden'. Till kam die Idee, seinem Herrn einen tollen Streich zu spielen. Sein Meister hatte nämlich einen Hund, der auf den Namen 'Hopf' hörte. Dieses arme Tier warf Eulenspiegel in die siedende Würze. Als man den Sud abgelassen hatte, fand der erboste Braumeister die Überreste seines Hundes in der Braupfanne.
[Lexikon der sprichwörtlichen Redensarten: Hund, S. 2. Digitale Bibliothek Band 42: Lexikon der sprichwörtlichen Redensarten, S. 2989 (vgl. Röhrich-LdspR Bd. 3, S. 755) (c) Verlag Herder]

Stille Wasser sind tief[6]

Als Jesus übers Wasser lief
ein Jünger angstvoll nach ihm rief:
„Pass bitte auf, da ist es tief!"

Da beißt die Maus keinen Faden ab[7]

An einem Faden hing die Maus.
Da biss die Katze - aus die Maus.

♣

---

[7] umgangssprachlich; Am 17. März, dem Gertrudentag,
beginnt nach dem Bauernkalender der Frühling: Zeit, die
Feldarbeit zu beginnen und Winteraufgaben wie das
Spinnen niederzulegen. Wer jedoch die Spindel nicht aus
der Hand legt, dem beißt eine Maus den Faden ab.

7

Der Spatz in der Hand ist besser als die
Taube auf dem Dach[8]

Ein Spatz, der kann bestimmt nicht gurren.
Dies merkt die Taube ohne Murren.

[8] Redensart, Quelle unbekannt

Ein Unglück kommt selten allein[9]

Glück ist stets von kurzer Dauer.
Das Gegenteil spürt man genauer.

Ins Tal vom Berg da fiel ein Stein,
der wollte mal alleine sein,
doch folgte ihm ein anderer.
Das ärgerte den Wanderer.

---

[9] Redensart, Quelle unbekannt

Sie fallen aus dem Rahmen[10]

Zuerst da waren kleine Samen,
gesät in einem Beet mit Rahmen.
Man goss das Beet bis Büsche kamen,
die bald dem Beet den Rahmen nahmen

Neue Besen kehren gut[11]

Der neue ist im Haus seit Wochen,
zuviel genutzt, der Stiel gebrochen.

---

[11] Nach Freidank (um 1200 - um 1240) *mittelhochdeutscher Dichter*

Ein Haar in der Suppe[12]

Es war in einer Suppenbar,
in der ein Mann mit Glatze war.
Er aß die Suppe, sie war gar
und wünschte sich ganz volles Haar.

---

[12] „Ein Haar in der Suppe mißfällt uns sehr,
selbst wenn es vom Haupt der Geliebten wär." Wilhelm Busch
(Werk: Aphorismen und Reime)

Gut Ding will Weile haben[13]

Erstmals in den Ferienwochen
will der Vater Nudeln kochen.
Er tut dies gern und ohne Eile,
wartet brav ne ganze Weile.
Die Nudeln wurden lang gekocht,
die Kinder haben's nicht gemocht.

---

[13] Redensart, Quelle unbekannt

Alles Gute kommt von oben[14]

Das Gute sucht der Mensch ganz weise
auf seiner langen Lebensreise.
Es kommt zu ihm, wenn er es will.
Ansonsten bleibt er eher still.

Der Landwirt hofft auf Ackers Segen
und dazu braucht es eben Regen.

---

[14] Bibel, Jakobus, 1:17 Alles, was gut und vollkommen ist, das
kommt von Gott, dem Vater des Lichts.

Aller guten Dinge sind drei[15]

Ein Mann der schafft, aus gutem Holz
Berichtet gern von seinem Stolz:
„Mein Haus, mein Boot, mein Allerlei."
Der Mann zählt immer nur bis drei.

---

[15] Der Spruch hieß ursprünglich "Aller guten Thinge sind drei." Ein
Thing war eine Ratsversammlung bei den Germanen, bei der auch
Recht gesprochen wurde. Wer eines Verbrechens beschuldigt
wurde, musste sich spätestens beim dritten Thing nach der
Anschuldigung den Richtern stellen. Erschien er auch zum dritten
Thing nicht, wurde er in Abwesenheit verurteilt.

Morgenstund hat Gold im Mund[16]

Die Nacht vorbei, man putzt den Schlund
und findet Gold in seinem Mund.
Das Gold, von gestern drin geblieben,
wie soll man da den Morgen lieben?

---

[16] **Sprichwort** -- Es besagt, dass sich frühes Aufstehen lohnt, weil es sich am Morgen gut arbeiten lässt und Frühaufsteher mehr erreichen. Es ist die wortgetreue Übersetzung des lateinischen Lehrbuchsatzes *aurora habet aurum in ore*. Dieser bezieht sich auf die personifizierte Morgenröte (lat.: *aurora*), die Gold im Mund und im Haar trägt. In früherer Zeit wurde mit „Morgenstund hat Gold im Mund" das lateinische Sprichwort *aurora musis amica* (die Morgenstunde ist die Freundin der Musen) wiedergegeben, das so viel heißt wie *Morgens studiert man am besten*.

Wer andern eine Grube gräbt, fällt selbst hinein.[17]

Der Bagger baggert laut und schwer,
bald wird gebaut, ein Loch muss her.
Ein Traum wird für den Bauherrn wahr:
Er bekommt die Kellerbar.

---
[17] Sprichwort; leitet sich ab von der alttestamentarischen Spruchweisheit: "Wer eine Grube gräbt, der kann selbst hineinfallen" (Kohelet 10,8)

Die Katze im Sack kaufen [18]

Im Supermarkt ein Mann mit Glatze
kauft Nahrung ein für seine Katze.
Die Nahrung ist in einer Tüte
von ganz besondrer Plastikgüte.
Die Katze mag das Mausen nicht.
Sie kennt die Tüte, ihr Gericht.

---

[18] Bedeutung: Wenn man etwas, ohne es zu prüfen, kauft und dabei hereingelegt wird. Auf den Märkten früher passierte es manchmal, dass die Marketender einem unaufmerksamen Käufer eine Katze unterjubelten anstelle des tatsächlich erstandenen Karnickels oder Ferkels.

Quelle: Wahrig, Deutsches Wörterbuch; Wahrig, Herkunftswörterbuch; Duden, Redewendungen

Kleider machen Leute[19]

Hier sehen wir die Edelgunde.
Sie ist in der Boutique Kunde.
Grün geht sie rein, kommt blau heraus.
So sieht die neue Mode aus.

---

[19] In der Novelle **Kleider machen Leute** von Gottfried Keller aus dem Jahr 1866 geht es um einen armen Schneider, der wegen seines gepflegten Aussehens für einen Grafen gehalten wird und sich in eine angesehene Frau verliebt, die ihm nach seiner Entlarvung trotz des Standesunterschiedes treu bleibt.

Über den Tellerrand schauen[20]

Der Karton kommt. Die Mikrowelle
wärmt die Pizza auf die Schnelle.
Lasst Teller und Bestecke sein,
wir futtern sie auch so hinein.

---

[20] Redewendung, Quelle unbekannt

Vor der eigenen Tür kehren[21]

Wer vor der Tür den Schmutz beseitigt,
wird von niemandem beleidigt.
Kommt dort dann Dreck von Andern her,
schätzt man die Andern gar nicht mehr.

---

[21] Redewendung, Quelle unbekannt

Was dem einen sin Uhl, ist dem anderen sin Nachtigall[22]

Die Eule soll so weise sein,
so kam sie nach Athen hinein.
Sie grüßt auch nicht die Nachtigall,
die singt ja immer, überall.

---

[22] Redensart - "Was dem einen seine Eule, ist dem anderen sein Nachtigall." (*"Wat den eenen sien Uuhl, is den annern sien Nachdigall."*)

Ein Elefant im Porzellanladen[23]

Porzellan liebt Elefanten
so wie wir die Anverwandten.

---

[23] Elefanten sind wegen ihrer großen Statur nicht sehr wendig. Porzellan hingegen ist sehr empfindlich, da es leicht bricht. Einen Elefanten in einen Porzellanladen zu stecken, wäre sehr fahrlässig, da das bedeuten würde, dass das Porzellan schnell zerstört wäre.

Glück und Glas, wie leicht bricht das[24]

Das Glas geleert, der Tag vorbei,
da ist das Glück mir einerlei.

---

[24] Sprichwort - Englisch: Woman and a glass ever in danger

Die Axt im Haus erspart den Zimmermann[25]

Holz gehört in jedes Haus.
Ohne Holz kommt man nicht aus.
Kommt es nicht, weiß jedermann,
braucht man keinen Zimmermann.
Darum wird jenem zugefaxt:
„Bleib daheim, vergiss die Axt!"

---

[25] Die sprichwörtliche Redensart stammt aus dem Drama „Wilhelm Tell" von Friedrich Schiller (erste Szene des dritten Aufzuges). Tell zimmert am Tor seines Hauses. Bevor er aufbricht, um trotz der Bedenken seiner Frau, nach Altdorf und also seinem Verhängnis in die Arme zu gehen, sagt er: „Jetzt, mein ich, hält das Tor auf Jahr und Tag. Die Axt im Haus erspart den Zimmermann." Dieser Kontext, im Rahmen des Schiller-Dramas in der Vorbereitung der Katastrophe, unterstreicht die Bedeutung des Sprichwortes.

Wenn das Ei klüger wird als die Henne[26]

Ein Ei, das denkt, wirkt oft zu klug,
dies reicht der Henne, ist genug.
Sie will das Kluge selber wissen
und legt erneut ein Ei ins Kissen.

---

[26] Sprichwort, aus dem Lateinischen - Thesaurus proverbiorum medii aevi. Von Samuel Singer, Seite 378, zitiert bei Agricola und Luther

Hochmut kommt vor dem Fall[27]

Steigt hoch der Mut nach oben,
ist er mit Eitelkeit verwoben,
so findet er kaum Widerhall
und ist bedroht von tiefem Fall.

[27] Bibel (Altes Testament), Die Sprüche Salomos Kap. 16, Vers 18

Ein blindes Huhn findet auch mal ein Korn.[28]

Wer gern ein Bier mit Korn gepaart,
schlägt sicherlich nicht aus der Art.
Man wird ihn dann als blind benennen,
kann er sich nicht zum Mix bekennen.

---

[28] Deutsches Sprichwort nach Georg Rollenhagen, (* 22. April 1542
in Bernau; † 20. Mai 1609 in Magdeburg) war ein deutscher
Schriftsteller, Dramatiker, Pädagoge und Prediger

Die Bäume wachsen nicht in den Himmel[29]

Wer sich selbst zum Himmel macht,
was Banken tun sehr unbedacht,
kennt nicht die Regeln, die ein Baum
befolgen muss ganz ohne Traum.

---

[29] Redensart – englische Variante: You can't teach an old dog new tricks

Eine Krähe hackt der anderen kein Auge
aus[30]

Schwarz ist der Krähen Federkleid,
wär' eines weiß, es zeugte Neid,
und wie die Krähen dann so sind,
wär' schnell die weiße Krähe blind.

---

[30] Sprichwort – englische Versionen - There's honor among thieves.
Birds of a feather flock together.

Der Worte sind genug gewechselt, lasst mich
auch endlich Taten sehen[31]

Mit Worten zeigen sie Geschick,
die Herren von der Politik.
Sie provozieren damit Taten,
die anders sind als just beraten.

---

[31] Zitat: "Der Worte sind genug gewechselt, // Laßt mich auch
endlich Taten sehn; // Indes ihr Komplimente drechselt, // Kann
etwas Nützliches geschehn." - *Johann Wolfgang von Goethe,*
geadelt 1782 (* 28. August 1749 in Frankfurt am Main; † 22. März
1832 in Weimar; auch *Göthe*), ist als Dichter, Dramatiker,
Theaterleiter, Naturwissenschaftler, Kunsttheoretiker und
Staatsmann einer der bekanntesten Vertreter der Weimarer Klassik.
Sein Werk umfasst Gedichte, Dramen und Prosa-Literatur, aber
auch naturwissenschaftliche Abhandlungen. Er gilt als einer der
bedeutendsten deutschen Dichter und ist eine herausragende
Persönlichkeit der Weltliteratur. *Faust I, Vers 214 ff*

Hier bin ich Mensch, hier darf ich's sein[32]

Vor dem Spiegel steht ein Mann
und hat gar keine Kleider an.
Er schaut sich an, so ganz allein:
hier bin ich Mensch, hier darf ich's sein.

---

[32] Zitat "Hier bin ich Mensch, hier darf ich's sein!" - Johann
Wolfgang von Goethe (siehe auch Fußnote S. 36) *Faust I, Vers 940*

Das also ist des Pudels Kern[33]

Man sitzt so da und sieht leicht fern
und wäre selbst so gern ein Stern,
dann sähe man sich dort selber gern
und wär' dann selbst des Pudels Kern.

[33] Zitat: Johann Wolfgang von Goethe (siehe auch Fußnote S. 36)
(Werk: Faust) - Faust beginnt in seinem Studierzimmer, das
Evangelium zu übersetzen, kommt jedoch nicht weit, da der Pudel
wie wild durch den Raum läuft. Schließlich offenbart er sich als
Mephistopheles.
„Das also war des Pudels Kern!"
erkennt Faust und schließt mit dem Teufel selbst einen Pakt.

Da steh ich nun, ich armer Tor, und bin so
klug als wie bevor[34]

Die Treppe mit den vielen Stufen
habe niemals ich gerufen.
Doch weil die Wohnung oben ist,
muss ich steigen, so ein Mist!

---

[34] Zitat: Johann Wolfgang von Goethe (siehe auch Fußnote S. 36)
(Werk: Faust I)

Zwei Seelen wohnen, ach! In meiner Brust[35]

Der Seelen braucht man eine nur,
wie kommt man nur auf ihre Spur?

---

[35] Zitat: Johann Wolfgang von Goethe (siehe auch Fußnote S. 36)
(Werk: Faust I)

Es irrt der Mensch, solang er strebt[36]

Willst irrtumsfrei durchs Leben gehen,
dann strebe nicht und du wirst sehen:
es tut sich nichts und du bleibst stehen.

---

[36] Zitat: Johann Wolfgang von Goethe (siehe auch Fußnote S. 36)
(Werk: Faust I)

Die Botschaft hör ich wohl, allein mir fehlt der Glaube[37]

Die Nachricht ist hier angekommen,
doch sie wird nicht ernst genommen.

---

[37] Zitat: Johann Wolfgang von Goethe (siehe auch Fußnote S. 36)
(Werk: Faust I)

Nach Golde drängt, am Golde hängt doch
alles[38]

Zinsen soll die Bank dir geben,
tut sie es nicht, liegst du daneben.

---

[38] Zitat: Johann Wolfgang von Goethe (siehe auch Fußnote S. 36)
(Werk: Faust I)

Sie sehn den Wald vor lauter Bäumen nicht.[39]

Trifft hart dein Kopf an einen Baum,
siehst du den Wald, die Bäume kaum.

---

[39] Christoph Martin Wieland, Musarion oder Die Philosophie der Grazien (1768)

Zwar weiß ich viel, doch möchte ich alles
wissen[40]

Auch im Falle eines Falles
weiß der Mensch nicht wirklich alles:
mache langsam, nicht zu viel,
sonst verfehlst du noch dein Ziel.

[40] Zitat: Johann Wolfgang von Goethe (siehe auch Fußnote S. 36)
(Werk: Faust I)

Heinrich, mir graust vor dir[41]

Ich nenne Heinrichs Namen nicht,
weil das vielleicht mein Herz zerbricht,
nehm' lieber einen vollen Becher,
und bin mit mir ein guter Zecher!

[41] Zitat: Johann Wolfgang von Goethe (siehe auch Fußnote S. 36) (Werk: Faust I)

Der Mensch lebt nicht vom Brot allein[42]

„Der Mensch lebt nicht vom Brot allein",
so sprach der Wirt und schenkte ein,
„es muss auch mal ein Schnäpschen sein!"

---

[42] Bibel - Matthäus 4,4

Wer flüstert, der lügt[43]

Vertraut nicht einem Leisetreter,
vielleicht ist er ein Schwerenöter

---

[43] Sprichwort – Herkunft unbekannt, wahrscheinlich aus lateinischer Literatur abgeleitet

Wer nicht wagt, der nicht gewinnt[44]

Will man den Sieg und dies gescheit,
sei man zur rechten Zeit bereit.

---

[44] Sprichwort – englisch: Nothing ventured, nothing gained

Morgen, morgen, nur nicht heute, sagen alle
faulen Leute[45]

Fehlt dir der Mut zur eignen Tat,
so lies doch mal hier diesen Rat:
„Lass' einfach deine Arbeit liegen,
soll sie doch ein andrer kriegen."

---

[45] "Morgen, morgen, nur nicht heute" ist der Beginn des Liedes "Der
Aufschub" des deutschen Schriftstellers Christian Felix Weiße
(1726-1804). Enthalten ist dieses Lied in seinem Werk: "Kleine
Lieder für Kinder" aus dem Jahr 1766. Der Originaltext lautet:
"Morgen, morgen nur nicht heute! Sprechen immer träge Leute."
Dieses Sprichwort wird heute jedoch meistens in der oben
angegebenen drastischeren Form zitiert.

Eigner Herd ist Goldes wert[46]

Stör'n im Lokal dich die Gerüche,
geh' nach Haus in deine Küche,
schon' dein Geld, mach selbst die Speise.
Es steigen ja die Nahrungspreise.

---

[46] Sprichwort – Herkunft unbekannt - englisch: There's no place like home.

Viele Köche verderben den Brei[47]

Ist dir Geschmack nicht einerlei,
koche gut, selbst manchen Brei,
doch kommen viele her zum Essen,
sollst du mehr Wasser nicht vergessen

---

[47] Sprichwort – Herkunft unbekannt – englisch: Too many cooks
spoil the broth

Wenn das Ei klüger ist als die Henne[48]

Ein Ei, das in der Pfanne brät,
niemals die Legerin verrät.

[48] **Ei**, es stehet fein, **wenn** das Ey wil **kluger** sein denn die **Henne**
m LUTHER, WA LI, 188,33 (1546).

Ein voller Bauch studiert nicht gern[49]

Ernähr' dich gut, iss Vitamine,
zum Beispiel auch die Mandarine,
dann wird dein Geist zufrieden sein
und bringt ein gutes Studium ein.

---

[49] Sprichwort – Herkunft unbekannt – englisch: A fat belly, a lean
brain - nach dem Lateinischen "plenus venter non studet libenter"

Der Lauscher an der Wand hört nur die eigene Schand [50]

Hör nicht zu, was einer sagt,
wenn es deine Seele plagt.

---

[50] Sprichwort nach Buch Qohelet Kap VIII Vers 21

Wer einmal lügt, dem glaubt man nicht,
selbst wenn er die Wahrheit spricht[51]

Wer Wahrheit fälscht und Lügen spricht,
dem schaut man ungern ins Gesicht.
Wirft einer dann denn ersten Stein,
wird es nicht der letzte sein.

[51] Gajus Julius Phädrus, (1. Hälfte des 1. Jh. n. Chr.), griechischer
Fabeldichter, ehemaliger römischer Sklave

Man hat es nicht leicht, aber leicht hat es
einen[52]

Manches ist nicht leicht zu haben
wie Honig aus den Bienenwaben;
wenn die Bienen nicht mehr fliegen,
ist kein Honig mehr zu kriegen.

Es ist nicht leicht, die schönen Gaben
aus dem Geschäft umsonst zu haben,
dies findet leicht auch primitiv
der strenge Kaufhausdetektiv.

---

[52] Redensart – Quelle unbekannt

Nichts ist schwerer zu ertragen als eine
Reihe von guten Tagen[53]

Feiert, trinkt und seid vergnügt,
solang die Bar euch noch genügt,
bald kommt der Rausch, der lastet schwer
und ruft den Alltag wieder her.

---

[53] Zitat – Johann Wolfgang von Goethe, abgeleitet aus dem
Lateinischen: Latein - Deutsch: Zitaten-Lexikon Von Ernst
Lautenbach, Seite 209

Wenn zwei sich streiten, freut sich der Dritte[54]

Schürst du bei Andern Streit beizeiten,
kannst du dir billig Spaß bereiten.

---

[54] Sprichwort – aus dem Lateinischen: Duobus litigantibus tertius gaudet.

Wenn einer eine Reise tut, dann kann er viel erzählen[55]

Viel Reisen lehrt, so hört man sagen.
Erzählt wird nach den Reisetagen.
Der Reisende kann viel erzählen,
daraus kann man die Wahrheit wählen.

Wer nicht verreist kann ohne Klagen
auch sehr viele Dinge sagen,
von Dingen, die vielleicht geschehen
das kann man auch in Träumen sehen.

---

[55] Redensart – Quelle unbekannt

Perlen vor die Säue werfen[56]

Keine Sau will Perlen fressen,
doch gibt es Menschen unterdessen,
die sehr gerne Perlen sammeln:
Perlen dürfen nicht vergammeln.

[56] Diese Redewendung ist biblischen Ursprungs und geht auf
Matthäus 7,6 zurück: „Ihr sollt das Heilige nicht den Hunden geben,
und eure Perlen nicht vor die Säue werfen..."

Die Fahne nach dem Wind drehen[57]

Nach Fahnen dreht sich mancher Wind,
das weiß ja schließlich jedes Kind.
Wenn aber nun kein Lüftchen weht,
die Fahne um den Mast sich dreht.
Und kommt ein andrer Wind daher,
weiß seine Meinung niemand mehr.

---

[57] Vorläufer der seit dem 16. Jh. belegten Wendung ist die Redensart *den Mantel nach dem Winde kehren.* Sie taucht bereits in der mittelalterlichen Spruchsammlung auf, die unter dem Namen Spervogels überliefert ist (um 1200): "man sol den Mantel keren als das weter gat." In Gottfrieds *Tristan und Isolde* (um 1210) heißt es ganz ähnlich: "Man sol den mantel kehren als die winde sint gewant."

Gut Ding will Weile haben[58]

Manch' Ding kommt so auf einen zu
und stört vielleicht die schöne Ruh'.
Du meine Güte, sagt der Mann,
was fang ich mit dem Ding nur an?
Gut, ich schau ein wenig zu,
dann geh' ich weg in aller Ruh.

---

[58] Volksmund - Quelle unbekannt - englisch: Rome wasn't built in a day. Auch: Soon ripe, soon rotten.

Adel verpflichtet[59]

Auch ein Film trägt diesen Namen,
zu dem sehr viele Leute kamen.

Der Adel, meint man, steht in Pflicht.
Doch die Pflicht, die sieht man nicht.

Meinung adelt und verpflichtet.
Gegen wen ist das gerichtet?

Adlig ist, das soll man wissen,
wenn einer handelt mit Gewissen.

---

[59] François Gaston de Lévis, Maximes et rélexions - Original franz.:
"Noblesse oblige."

Bescheidenheit ist eine Zier, doch weiter
kommt man ohne ihr.[60]

Bescheiden ziert ein goldnes Band
ihr weites Kleid und ihre Hand.

Bleibt man immer ganz bescheiden,
ist man ganz oft nicht zu beneiden.
Denn nur wer auffällt, wird gefallen
den unbescheidnen Menschen allen,
die beklatschen jeden Star
und fühl'n sich selbst ganz wunderbar.

---

[60] Dieses Sprichwort stammt nicht (wie vielfach angegeben) von
Wilhelm Busch, sondern es handelt sich um eine allgemeine
Redensart. Das Deutsche Sprichwörter-Lexikon von Karl Friedrich
Wilhelm Wander vermerkt: "*In Nr. 541 der Schlesischen Zeitung
(1871) als pommersches Sprichwort angeführt*".

Der Glaube kann Berge versetzen [61]

Dem Berg erscheint es mal als Qual,
dass er nicht runter kann ins Tal,
das Tal hingegen mag es gern,
wenn der Berg da bleibt, so fern.

Verbreitet ist des Menschen Glauben,
man könnt' mit ihm auch Berge rauben.
Wohin soll Mensch die Berge tragen,
wenn ihn schon Parkplatzsorgen plagen?

---

[61] sprichwörtlich nach der Bibel, 1. Korinther 13,2

Die Letzten werden die Ersten sein [62]

Sprinte nicht im ersten Rennen,
willst du noch die Letzten kennen.

---

[62] sprichwörtlich nach der Bibel, Matthäus 19,30 und 20,16,
Markus 10,31, Lukas 13,30

Eifersucht ist eine Leidenschaft, die mit
Eifer sucht, was Leiden schafft.[63]

Leide nicht, sei doch vergnügt,
weil Eifer dich ganz schnell betrügt.
Eifersucht erklimmt die Leiter.
Du kommst höher, nur nicht weiter.

---

[63] - Friedrich Schleiermacher zugeschrieben

Eine Schwalbe macht noch keinen
Sommer. [64]

Die Vögel haben ihre Zeiten,
in denen Nester sie bereiten.
Ob Schwalbe oder Wetterhahn,
ein jeder zieht so seine Bahn.

Macht die Schwalbe schon das Klima?
Das fänden manche sicher prima.

---

[64] nach Aristoteles, Nikomachische Ethik I, Kap. 6, 1098a
Dieses Sprichwort geht auf zwei schwäbische Schneider zurück,
die beide im Stuttgart der zweiten Hälfte des 18. Jahrhunderts tätig
waren. Hieronymus Sommer d.Ä. war bekannt für seine exzellenten
und passgenauen Gehröcke. Stolz trugen wohlhabende Bürger
ihren »Sommer« auf, die jedoch recht teuer waren. Sommers
Konkurrent Gustav Schwalbe und dessen Frau Wiebke versuchten
nun, durch billig produzierte Massenware die Kunden in ihre
Schneiderei zu locken, womit sie auch zeitweilig dank des
sprichwörtlichen Geizes der Schwaben (»Eher ißt ein Schwab seine
Hand, als sie dir zu reichen«) Erfolg hatten. Bald jedoch setzte sich
wieder Qualitätsbewusstsein durch und die Stuttgarter erkannten:
Eine Schwalbe (Ehefrau Wiebke) macht noch keinen Sommer (-
Gehrock).

Bohre den Brunnen, ehe du Durst hast.[65]

Der Wirt an seiner Theke steht
und den Hahn des Bieres dreht.
Er bohrt für dich den Brunnen an.
Den Durst löscht das Gezapfte dann.

---

[65] Chinesisches Sprichwort

Eine lange Reise beginnt mit dem ersten Schritt.[66]

Hebst du den Fuß zum ersten Schritt,
hab' acht und komm nicht aus dem Tritt!

[66] Chinesisches Sprichwort

Wer auf Rache aus ist, der grabe zwei Gräber.[67]

Sucht Rache dein ein Grab als Ziel,
geh' langsam hin, trink nicht so viel,
denke nur, wie schwer der Spaten
und wie grässlich Missetaten.

---

[67] Chinesisches Sprichwort

Jemandem einen Bären aufbinden[68]

Will man jemand trefflich schinden,
einen Bären auf ihn binden,
muss man den Bären erst mal wiegen,
sonst ist er gar nicht raufzukriegen.

---

[68] In unserem modernen Verständnis "jemanden belügen" ist die Redewendung seit 1663 belegt.

Es gab allerdings vorher schon eine ähnliche Redewendung bei der es sich allerdings bei dem "Bären" nicht um ein Raubtier handelt, sondern um eine Ableitung vom niederdeutschen"Bere, Bäre" = "Abgabe", Es gibt auch Variationen der Redewendung, wie: "Es ist besser einen Bären loszulassen, als einen Bären anzubinden" Also besser Schulden bezahlen, als zu machen.

Für unsere Version ist es vorstellbar, dass es eine Wendung aus der Jägersprache handelt und es sich bildhaft um einem echten Bären dreht. Das "anbinden" wurde dann durch "aufbinden" ersetzt, um eine Verwechslung mit den "Schulden" zu vermeiden. Im "Simplicissimus" existiert noch die Version mit "anbinden" in unserem modernen Verständnis.

Einen Denkzettel bekommen[69]

Soll dein Denken nicht verkommen,
sollst du ein Geschenk bekommen,
dies ist ein Zettel aus Papier,
schreib es drauf und merk es dir.

Glaubst du, dass Denken nicht mehr geht,
dass der Wind umsonst nur weht,
nimm einen Zettel, schreib nur drauf,
wie das Leben nimmt den Lauf,
was so geschrieben, kann dich lenken,
musst weiter nicht darüber denken.

---

[69] Im hansischen Recht (15. Jahrhundert) kannte man schon den
"Gedenkzettel". Es handelte sich um eine schriftliche Mitteilung des
Gerichtes, vergleichbar unserer heutigen Vorladung. Später
benutzte man den Begriff allgemein für "schriftliche Mitteilung".

Auch in Jesuitenschulen wurde später Schülern, die irgendwelche
schlechten Eigenschaften erkennen ließen, vom Lehrer ein
"Denkzettel" ausgehändigt, auf dem der Fehler verzeichnet stand.
Der Schüler musste den Zettel ständig bei sich tragen. Da mit dem
Denkzettel oft auch, selbstverständlich didaktisch unverzichtbare,
körperliche Bestrafungen einhergingen, hat das Wort heute eine
eher negative Bedeutung.

Mit ihm ist nicht gut Kirschen essen[70]

Wenn das so ist, lass Kirschen sein,
nimm einen Apfel, der schmeckt fein.

---

[70] Im Mittelalter war der Personenbezug allerdings eindeutig. In ihrer ursprünglichen Form lautet die Redensart: *Mit hohen Herren ist nicht gut Kirschen essen, sie spucken (werfen) einem die Kerne (Stiele) ins Gesicht.* Kirschen waren damals noch nicht so weit verbreitet und wurden lediglich in den Gärten der Klöster und der Reichen angebaut. Mit dem Ausdruck wollte man von allzu freundschaftlichem Umgang mit den hohen Herren abraten, da diese in ihrem Übermut den weniger gut Gestellten oft Schaden zufügten.

Ein gesunder Geist in einem gesunden Körper[71]

Ist der Leib vom Fett geschunden
und kann der Geist ihn nicht gesunden,
muss er sich leider selbst bewegen,
dann wird der Geist sich besser regen.

---

[71] Mens sana in corpore sano ist ein lateinischer Spruch. Er bedeutet „ein gesunder Geist in einem gesunden Körper". Die Redewendung ist ein verkürztes Zitat aus den Satiren des römischen Dichters Juvenal.Satiren 10, 356: *Orandum est, ut sit mens sana in corpore sano.* Deutsch: *Bitten sollte man darum, dass in einem gesunden Körper ein gesunder Geist sei.* Juvenals eigentliche Absicht zielte darauf, diejenigen seiner römischen Mitbürger zu geißeln, die sich mit törichten Gebeten und Fürbitten an die Götter wandten. Beten, meint er, solle man allenfalls um körperliche und geistige Gesundheit. *Mens sana in corpore sano* ist also nur im Zusammenhang mit dem Sinn und Inhalt von Fürbitten und Gebeten zu verstehen. Er hat also als Satiriker keineswegs behauptet, dass ausschließlich in einem gesunden Körper ein gesunder Geist stecke, sondern nur - da er meist das Gegenteil davon erlebt hatte - dass es wünschenswert sei, wenn dem so wäre. Juvenal hat aber auch die zu seiner Zeit (60-127 n. Ch.) sportlichen Idole parodiert.

Kein Blatt vor den Mund nehmen[72]

Im Herbst da fällt auf allen Wegen
der Blätter Schar dir oft entgegen,
keins davon gehört zum Mund,
denn meistens sind sie nicht gesund.

---

[72] Diese Redewendung spiegelt eine alte Theatersitte wider. Die Schauspieler machten sich unkenntlich, indem sie Blätter vor ihr Gesicht hielten. Sie konnten dann Anliegen vorbringen, ohne später dafür zur Rechenschaft gezogen zu werden.

Wer den Pfennig nicht ehrt, ist des Talers
nicht wert[73]

Der Taler liebt den Menschen nicht,
erfreut in Mengen sein Gesicht,
sein Kind, der Pfennig, den er ehrt,
wär' gerne auch mal so viel wert.

---

[73] Beruht auf einem Übersetzungsfehler aus dem Englischen. Das Original lautet: »Whosoever the Penny has airéd, tell's Thee he's truly weird«, also eigentlich: Wer auch immer den Pfennig lüftet, ist wahrlich seltsam. Der seltsame Brauch Kleingeld an der frischen Luft zu trocknen, wurde von Mitgliedern der fundamental christlichen Sekte der Quarker (engl. The Cheesers) betrieben. Angeblich hatten sie eine Bibelstelle entdeckt, in der Gott durch seine Propheten Hisop und Jeffneh vor schimmeligen Münzen warnte.

Trautes Heim, Glück allein.[74]

Schließt der Wirt sein gastlich Haus,
geht man getrost zum Heim hinaus.
Dort sucht man dann das traute Glück
und kehrt ins Gasthaus bald zurück.

---

[74] Sprichwort – englisch: Home, Sweet Home
My home is my castle.

Geld stinkt nicht.[75]

Vieles stinkt, Geld soll's nicht sein.
Doch ohne Geld ist man allein.
Wenn der Wind dann richtig weht,
der Stunk an dir vorüber geht.

---

[75] - lat. Pecunia non olet - Dieser Ausspruch wird Kaiser Vespasian
zugeschrieben, der wegen der Besteuerung der Bedürfnisanstalten
von seinem Sohn getadelt wurde.

Zeit ist Geld[76]

Hell erklingen Kirchenglocken -
sollen Geld zum Ablass locken.
Man hält die Börse nicht bereit,
denn dafür ist ja keine Zeit.

---

[76] - *engl.* - *Time is money* - Wird z.B. von Benjamin Franklin in
"Advice to a young tradesman" genutzt.

Beim Geld hört der Spaß auf.[77]

Hat der Leichtsinn dich gelockt,
ist dann dein Geld im Spiel verzockt,
geht deine Laune bald verloren
und dein Groll ist schnell geboren.
Hättest du nicht Spaß gewollt,
hättst' du heute nicht gegrollt.

---

[77] David Hansemann im Vereinigten Landtag 1847

Die Zeit ist aus den Fugen.[78]

Aus den Fugen rinnt der Sand,
der mit Zement die Wand verband.
Die Zeit schaut diesem Rinnen zu.
Sie rührt sich nicht, sie bleibt in Ruh'.

Die Eieruhr - sie fiel herunter.
Auf den Boden rinnt ihr Sand
und füllt die Fugen bis zum Rand.
Jetzt hab ich Zeit und bin recht munter.

---

[78] Shakespeare, Hamlet - The time is out of joint.

Die ganze Welt ist ein Theater.[79]

Ob du Zwerg bist oder Hüne,
du bist immer auf der Bühne.

---

[79] Shakespeare - As you like it - All the world's a stage.

Dem Mann kann geholfen werden[80]

Die Hilfe kommt so wie bestellt,
verfügt der Mann übers rechte Geld.

---

[80] Friedrich von Schiller (1759-1805) - Die Räuber V, 2 / Karl

Die Sterne lügen nicht.[81]

Wie gut, dass Wolken Sterne decken,
will man die Wahrheit mal verstecken.

Auch wenn man eine Lüge spricht,
verstecken sich die Sterne nicht.

[81] Friedrich von Schiller (1759-1805) - Wallensteins Tod - III,9 /
Wallenstein

Alles kann warten, nur die Zeit nicht.[82]

Drehst du die Eieruhr nicht um,
bleiben dir die Stunden stumm.

Die Zeit, sie kann nun gar nicht warten,
egal, was alles blüht im Garten.

---

[82] Julian Scharnau - Julian Scharnau wurde 1983 (Autor und
Wirtschaftswissenschaftler) in Berlin geboren. Der Autor und
Wirtschaftswissenschaftler schreibt Zitate und hat ein Buch
veröffentlicht.

Das kannst du halten wie ein Dachdecker[83]

Nur mit einer langen Leiter
kommt der Fachmann wirklich weiter,
ist auf dem Dach er erstmal oben,
ist der Schaden schnell behoben.

---

[83] Das kannst du machen, wie du willst. Der Ausdruck kommt daher,
dass zur Jahrhundertwende die Dachdecker nicht kontrollierbar
waren, da keiner der Bauherren den Mut hatte, aufs Dach zu
klettern um nachzusehen, ob alles in Ordnung war.

Das dauert ewig und drei Tage[84]

Gott schuf sieben Tage nur
die große Welt ganz ohne Uhr.
Danach für alle Ewigkeit
ist er an jedem Tag bereit.

---

[84] Ewig und drei Tage warten - sehr lange Zeit warten. In der
mittelalterlichen Rechtsprechung war es üblich, für Fristsetzungen
einen bestimmten Zeitraum zu definieren und bis zum endgültigen
Ablauf der Frist dann noch einmal drei Tage dazu zu geben – drei
Tage, in denen sich vielleicht das Blatt noch wenden konnte, selbst
wenn die eigentliche Frist schon "ewig" lang gewesen war.

Hilf dir selbst, so hilft dir Gott[85]

Bist du auch lieb und schutzbefohlen,
musst du dein Essen selber holen.

[85] Diese mittelalterliche Weisheit taucht schriftlich fixiert im 16.
Jahrhundert beim Schriftsteller Justus Georg Schottel in der Form:
"Mensch, hilf dir selbst, so hilfet Gott mit." auf.
Ähnliches schrieben auch schon antike Römer wie Cicero ("Fortes
fortuna adjuvat" = "Den Mutigen hilft das Glück").
In Schillers "Wilhelm Tell" fordert Gertrud Stauffacher ihren Mann
Werner zum Widerstand gegen die Reichsvögte auf: "Dem Mutigen
hilft Gott."

Die Zeit heilt alle Wunden[86]

Wenn einer mal verwundet ist,
dann findet er es sicher Mist.
Ist der Schmerz dann bald vorbei,
findet er es einerlei.

---

[86] Redewendung –wird Napoléon zugeschrieben – englisch:Time is a great healer.

Wer Ordnung hält, ist nur zu faul zum Suchen[87]

Wer faul nach seinen Sachen sucht
auf die verdammte Ordnung flucht.

Der Sterne Ordnung hohe Bogen
loben alle Astrologen.
Sie suchen ständig ihre Bahn,
und lieben ihren Ordnungswahn.

Viel Kram kommt so auf einen zu.
Lass ihn liegen, behalte Ruh!

---

[87] Redensart, Herkunft unbekannt

Wer im Glashaus sitzt soll nicht mit Steinen
werfen[88]

Wirft man im Sitzen schwere Steine,
sei man im Glashaus ganz alleine.

Soll der Stein nicht bei dir sein,
wirf ihn nicht ins Glashaus rein.

Willst du ein Haus aus Glas erbauen
musst du keine Steine klauen.

---

[88] Deutsches Sprichwort, Herkunft unbekannt

Wer schläft, sündigt nicht[89]

Im Schlaf da werden abgegeben
viele Stunden von dem Leben.
Für das Leben gibt es Gründe,
einer davon, der heißt Sünde.

---

[89] - Wer aber vorher sündigt, schläft besser. Wird Thaddäus Troll
nachgesagt und Giovanni Giacomo Casanova

Dem Glücklichen schlägt keine Stunde[90]

Das Stundenglas, das lass zurück,
willst du vom großen Glück ein Stück.

---

[90] Sprichwort; stammt von Friedrich von Schiller (Wallenstein) –
englisch: Hours do not strike for a happy man

Eine Hand wäscht die andere[91]

Hat jemand dir die Hand gegeben,
so nimm es hin und wasch sie eben.

[91] lateinisches Sprichwort: Manus manum lavat. Sentenz nach dem
römischen Philosophen Seneca (1 bis 65 n. Chr.). Das Sprichwort
kennzeichnet den Graubereich zwischen gegenseitiger Hilfe und
Korruption

Freunde erkennt man in der Not[92]

Kentert mal ein Lebensboot
sind plötzlich alle Freunde tot.

---

[92] Aus dem Lateinischen: Marcus Tullius Cicero Sprichwort –
Herkunft unbekannt – englisch: A friend in need is a friend indeed

Jeder ist seines Glückes Schmied[93]

Die Glut des Feuers nutzt der Schmied.
Ein Glück, dass er sich so entschied!

Zum Glück hat jeder ein Talent,
wenn er nur selber sich erkennt.

---

[93] In einem Appius Claudius Caecus, dem römischen Konsul der
Jahre 307 und 296 v. Chr., zugeschriebenen Gedicht heißt es:
„fabrum esse suae quemque fortunae" - jeder sei der Schmied
seines Glücks – englisch: Man forges his own destiny

Spare in der Zeit, so hast du in der Not[94]

Zeit ist eine von den Waren,
die entzieht sich jedem Sparen.
Sorgst du beizeiten für dein Brot,
hast du keine Hungersnot.

Steter Tropfen höhlt den Stein.[95]

Greifst du zum Glase und magst Wein,
soll es ein guter Tropfen sein,
soll es noch mehr vom Guten sein,
warnt dich vielleicht der Gallenstein.

---

[95] Die sprichwörtliche Redensart mit der Bedeutung "durch ständige Wiederholung einer Bitte, einer Forderung o.ä. erreicht man schließlich bei jemandem sein Ziel" geht auf den griechischen Epiker Choirilos von Samos (2. Hälfte des 5. Jahrhunderts v. Chr.) zurück. In seinem fragmentarischen Gedicht über die Perserkriege heißt es: "Der Tropfen höhlt den Stein durch Beharrlichkeit." Die lateinische Form *Gutta cavat lapidem* ("Der Tropfen höhlt den Stein"), der die deutsche Redensart nachgebildet ist, findet sich vei dem römischen Dichter Ovid (43 v.Chr. - 17 oder 18 n.Chr.) in den "Epistulä ex Ponto" (IV, 10,5). Später erhielt die Redensart noch die Ergänzung: *Non vi, sed säpe cadendo* ("Nicht durch Gewalt, sondern durch häufiges Niederfallen").

Was Hänschen nicht lernt, lernt Hans
nimmermehr[96]

Wenn Hänschen gar nicht lernen will,
bleibt Hans, der Vater, gar nicht still.

Was Hänschen lernt in seinem Zimmer,
vergisst der Hans dann oftmals nimmer.

---

[96] Sprichwort – Herkunft unbekannt – englisch: You can't teach an
old dog new tricks

Aus den Augen, aus dem Sinn[97]

Siehst du den Stern am Firmament,
weißt du nicht, ob er dich kennt.
Schau'n deine Augen nicht mehr hin,
geht der Stern aus deinem Sinn.

---

[97] Sprichwort – Herkunft unbekannt – englisch: Out of sight, out of mind.

Der Klügere gibt nach[98]

Kippt ein Baum auf euer Dach,
gibt dasselbe ganz klug nach.

---

[98] „Der Klügere gibt nach! Eine traurige Wahrheit, sie begründet die
Weltherrschaft der Dummheit." Marie von Ebner-Eschenbach

Der Schein trügt[99]

Zahlst du mit dem falschen Schein,
kann die Ware dein nicht sein.

[99] Sprichwort – Herkunft unbekannt – englisch: appearances are deceiving

Durch Schaden wird man klug.[100]

Fehlt deiner Börse mancher Heller,
war der Dieb ganz sicher schneller.

---

[100] Sprichwort – Herkunft unbekannt – englisch: Adversity is the
school of wisdom

Über den Autor

Er geht auf den Bürgersteigen verschiedener Straßen. Schaut den „Leuten aufs Maul[101]", spürt ihren Sprüchen nach und „stellt sie auf den Kopf[102]".

Jahrgang 1943
Dipl.-Ing. und Betriebswirt, Manager, jetzt Seniorcoach
Lyriker,
Liebhaber von sprachlichen Experimenten,
Autor von Fachartikeln, Kurzgeschichten und Geschichten für Kinder

---

[101] **"Aufs Maul schauen"** ist eine Redewendung, die auf Martin Luther zurückgeht, der empfahl, dem Volk auf dieses zu schauen. Ihm ging es darum, **was** das gemeine Volk zu sagen hatte.
[102] Redewendung, Herkunft unbekannt.

Weitere Arbeiten:

Platz für neue Sprüche und Kommentare,
Zum Sammeln bitte an diese E-Mail-
Adresse:
gpodszun@t-online.de

Danke im Voraus!

Neue Sprüche: